Für Tobias Kemkes

Walter Repges

Ursula Harper

Das Vaterunser Kinderbuch

Das Gebet Jesu für Kinder erklärt

benno

Wie Jesus uns das Beten lehrt

Vor zwei mal tausend Jahren lebte ein Mann, der Jesus hieß. Er heilte Kranke. Er nahm den Menschen ihre Angst. Und er betete. Eines Tages sagten die, die bei ihm waren: Herr, wir möchten auch beten wie du. Zeige uns, wie wir beten sollen. Da lehrte er sie das Vaterunser:

Vater unser im Himmel,
geheiligt werde dein Name.
Dein Reich komme.
Dein Wille geschehe
wie im Himmel so auf Erden.
Unser tägliches Brot gib uns heute.
Und vergib uns unsere Schuld,
wie auch wir vergeben unsern Schuldigern.
Und führe uns nicht in Versuchung,
sondern erlöse uns von dem Bösen.
Denn dein ist das Reich und die Kraft
und die Herrlichkeit in Ewigkeit.
Amen.

Von Stund an beteten die, die Jesus folgten, das Vaterunser. Sie übersetzten es in ihre Sprachen. 1214 Sprachen und Dialekte sind es inzwischen. Es blieb das Gebet, das alle verbindet, die sich Christen nennen: katholische, evangelische, orthodoxe – eben alle.

Vater unser im Himmel,

Vater – so wurde Gott auch schon in den Jahrhunderten vor Jesus angeredet. Nicht oft, aber doch einige Male verraten uns das die Bücher der Bibel. Das Neue, geradezu umstürzend Neue war: Jesus begann sein Vaterunser-Gebet nicht steif und förmlich mit dem feierlichen und ehrfürchtigen hebräischen abbinu = unser Vater, wie er es aus den Gottesdiensten kannte, die er besuchte. Vielmehr sagte er Abba. Das war für manche einfach unerhört. War es doch in der aramäischen Umgangssprache – der Sprache Jesu – das Wort, mit dem Kinder ihren Vater anredeten, plump-vertraulich geradezu. ›Lieber Papa‹ heißt das so ungefähr. Niemand vor ihm hatte gewagt, Gott so anzureden. Er aber tat es und sagte auch noch: So sollt ihr beten! Zu einem Gott, der immer bei euch ist, um euch zu beschützen, und dem ihr alles sagen dürft, was ihr auf dem Herzen habt.

Um zu zeigen, was allein diese Abba-Anrede bedeutet, schrieb der Apostel Paulus den Römern: »Ihr seid jetzt keine Sklaven mehr, die sich fürchten müssten. Ihr seid jetzt Gottes Kinder. Denn ihr dürft rufen: Abba – Vater.«

Dieser beste Vater, den es gibt, ist unser aller Vater. Alle dürfen sich bei ihm geborgen wissen: die Alten und die Jungen, die Großen und die Kleinen, die Gesunden und die Kranken, die Frohen und die Traurigen, ja im Grunde nicht nur die Menschen, sondern die ganze Schöpfung: die Sonne, der Mond und die Sterne, das Land und das Meer, die

Blumen, die Pflanzen, die Tiere, einfach alle und alles. Unser Gott ist eben der Abba der ganzen Welt. Wenn wir sagen, unser Abba-Vater ist im Himmel, dann heißt das nicht: Er ist ganz weit weg. Denn dieser Himmel, in dem er wohnt, ist nicht der, an dem tags die Sonne scheint und nachts der Mond. Dieser Himmel, wo Gott zu Hause ist, ist er selbst. Er, unser Abba, ist der Himmel, der Ort, wo alles wunderbar und vollkommen ist und wo keiner mehr traurig zu sein braucht. Dieser Himmel ist uns ganz nah, so nah wie Gott. Und wenn wir von jemandem sagen, er ist im Himmel, dann heißt das nicht etwa, er ist ganz weit weg. Sondern dann heißt das, er ist uns ganz besonders nah, so nah, wie nur Gott uns nah sein kann.

geheiligt werde dein Name.

Das ist keine Bitte im üblichen Sinne. Gottes Name ist ohnehin heilig. Er braucht nicht mehr heilig gemacht zu werden. Dieser Vers ist ein Wunsch; er ist der Eröffnungswunsch, mit dem Jesus sein Vaterunser beginnt.

So wie man dem, den man liebt, wünscht, dass er so sei und so bleibe, wie er ist, nämlich liebenswert, so wie man ausruft: du bist großartig, du bist einfach toll, – so ruft Jesus aus: Abba, du bist einfach toll, du bist wirklich heilig, heiliger als alles sonst, und darum ist auch dein Name – mit dem du ja selbst gemeint bist – heiliger als alles sonst. Und darum soll er gelobt und gepriesen und bejubelt werden. Darum soll er ganz groß herauskommen.

Das, was du sowieso bist, das gönne, nein, das wünsche ich dir, du mein lieber, du mein bester, du mein heiliger Abba-Vater.

Dein Reich komme.

Das ist der zweite Herzenswunsch Jesu. Immer wieder ist in den Evangelien seine Botschaft vom Reich Gottes erwähnt. Volle 73 Mal.

Damit wünscht Jesus, dass Gott der Herr sein möge und dass möglichst viele, nein, möglichst alle und alles Gottes Reich werde. Das wünsche ich dir, o Gott, das wünsche ich den Menschen, das wünsche ich der ganzen Schöpfung. Das will Jesus sagen.

Was das Reich Gottes nun genau ist, sagt Jesus nicht. Es lässt sich eben nicht genau beschreiben. Es ist viel größer und im Grunde auch ganz anders, als Menschen sich das vorstellen können. Nur Vergleiche zieht Jesus, Vergleiche, die er Gleichnisse nennt und die er meist mit den Worten beginnt: »Mit dem Reich Gottes ist es wie«; zum Beispiel wie mit einem Mann, der eine edle Perle sucht und der, als er sie gefunden hat, dermaßen begeistert, ja, geradezu außer Rand und Band ist, dass er alles, was er besitzt, hergibt, nur um diese kostbare Perle bezahlen zu können;

oder wie mit dem barmherzigen Vater, der den verlorenen Sohn, diesen Taugenichts, der sein ganzes Erbe durchgebracht hatte, bei seiner Wiederkehr nicht etwa erst einmal bestraft – und zwar gehörig –, sondern für ihn das beste Kalb schlachten lässt und ein rauschendes Fest veranstaltet mit Musik und Tanz;

oder wie mit dem Weinbergbesitzer, bei dem man nie zu spät kommen kann. Denen, die erst zur letzten Stunde kamen, um noch etwas Geld zu verdienen, hat er nämlich den gleichen Lohn ausgezahlt wie den anderen, die die Last und die Hitze des ganzen Tages ertragen hatten.

Dein Wille geschehe wie im Himmel so auf Erden.

In diesem Vers sehen viele – so zum Beispiel der große Kirchenlehrer Augustinus – eine Bekräftigung, ja, geradezu eine Wiederholung des vorhergehenden Verses »Dein Reich komme«.
Gerade weil diese Welt noch unterwegs ist und die Schöpfung noch lange nicht vollendet ist und weil diese Welt deshalb Leid und Bosheit und bitter enttäuschte Hoffnungen kennt, sollen wir beten, dass Gottes Reich uns immer näher komme, dass es auf Erden immer mehr so werde wie im Himmel, kurz: dass der wirkliche Wille Gottes geschehe. Und der heißt nicht Trauer, sondern Freude. Der heißt nicht Angst, sondern Zuversicht. Der heißt nicht Krankheit und Tod, sondern Leben.

Unser tägliches Brot gib uns heute.

Gemeint ist mit dem Brot, um das wir bitten, zunächst einmal ganz schlicht das Brot, das wir jeden Tag aufs Neue brauchen, um nicht zu verhungern, aber auch alles sonst, was zum Leben nötig ist.
In einem berühmten alten Katechismus steht als Antwort auf die Frage »Was heißt denn täglich Brot?«:
»Alles, was zur Leibesnahrung und -notdurft gehört, als: Essen, Trinken, Kleider, Schuh, Haus, Hof, Acker, Vieh, Geld, Gut, fromm Gemahl, fromme Kinder, fromm Gesinde, fromme und treue Oberherren, gut Regiment, gut Wetter, Friede, Gesundheit, Zucht, Ehre, gute Freunde, getreue Nachbarn und desgleichen.«
Diese Antwort stammt aus einer Welt, die nicht mehr die unsere ist und die uns deshalb reichlich fremd vorkommt. Trotzdem muss man sagen: Was will man noch mehr!
Aber neben dem irdischen Brot und dem, was damit alles gemeint ist,

gibt es noch ein anderes Brot, das wir nötig haben, nämlich das Wort Gottes. Jesus sagt: »Der Mensch lebt nicht allein vom irdischen Brot, sondern von jedem Wort, das aus dem Munde Gottes kommt,« – einem Wort, das uns hilft, den rechten Weg zu finden, das uns Mut macht, wenn wir verzagt sind, das uns erfahren lässt: Wir sind nicht allein.
Nun gibt es noch eine dritte Bedeutung des Brotes. Es ist die, die Jesus ihm gibt mit den Worten: Ich bin das wahre Brot, das Brot, das vom Himmel kommt, das Brot, das ewiges Leben schenkt.
Es ist das Brot, das die Jünger beim letzten Abendmahl empfingen und das uns jedes Mal bei der Eucharistiefeier gereicht wird.
Brauchen tun wir alle drei Arten von Brot. Und um alle drei bitten wir, nicht nur jeder für sich, sondern jeder für uns alle. Darum sagen wir »unser« tägliches Brot und nicht »mein« tägliches Brot und weiter, gib »uns« und nicht nur gib »mir«, so wie der Abba, der es uns geben soll, nicht nur mein, sondern unser aller Vater ist.

Und vergib uns unsere Schuld,

Wir beten: Vergib uns unsere Schuld, das, wodurch wir anderen Schaden zugefügt oder was wir sonst Schlimmes angerichtet haben. Mit anderen Worten: Verzeih uns unsere Sünden. Das aber beten wir voller Zuversicht. Du, unser Abba-Vater, du bist doch der, der - wenn wir ihn darum bitten – unsere Sünden und alles, was uns belastet, hiwegbläst wie leichtes Gewölk. So hatte es der Prophet Jesaja beschrieben.

Deshalb ist Jesus ja auch Mensch geworden. Im Evangelium lesen wir, dass kurz vor Jesu Geburt dem Josef ein Engel erschien, der ihm sagte: Du sollst dem Kind, das bald zur Welt kommt, den Namen Jesus geben. Jesus heißt wörtlich: Heilbringer, der, der Glück und Segen und Heil bringt. Und zur Erläuterung fügte der Engel hinzu: Denn er wird sein Volk von seinen Sünden befreien.

Als Jesus erwachsen war, sah Johannes der Täufer ihn auf sich zukommen. Da wandte er sich an die, die bei ihm standen, mit den Worten: Seht da den, der die Sünden der Welt hinwegnimmt.

Jesus selbst sagte einmal zu einem Mann, der gelähmt war und nicht mehr stehen und gehen, nur noch liegen konnte: Steh auf, deine Sünden sind dir vergeben. Einfach nur so. Nicht, weil du es verdient hättest – keiner hat es verdient! –, sondern weil Gott so ist, wie er ist: gütig und barmherzig, einer, der nach Jesu eigenen Worten seine Sonne aufgehen lässt über allen, über den Bösen genauso wie über den Guten.

wie auch wir vergeben unsern Schuldigern.

Der Bitte, uns unsere Sünden zu verzeihen, folgt noch ein weiterer Satz: Wie auch wir vergeben unsern Schuldigern.
Wenn wir von Gott erwarten, dass er uns unsere Schulden erlässt und uns unsere Sünden verzeiht, dann können wir uns doch unseren Mitmenschen gegenüber nicht anders verhalten.
Jesus hat das in einem seiner Gleichnisse ganz deutlich geschildert. Ein König – so erzählte er – hatte einmal einen Diener, dem er sehr, sehr viel Geld geliehen hatte. Eines Tages wollte der König das Geld zurückhaben. Nun hatte der Diener aber nichts mehr. Weinend fiel er dem König zu Füßen und flehte ihn an, er möge doch Geduld mit ihm haben. Sobald er könnte, würde er ihm alles wiedergeben. Der König ließ sich erweichen, und er erließ ihm die ganze Schuld. Nichts brauchte er mehr zurückzuzahlen. Doch kaum war der König weg, traf dieser Diener einen anderen Diener, der ihm selber Geld schuldete, allerdings nur wenig. Anstatt so großzügig zu sein wie der König,

blieb er hart, wollte den anderen gar ins Gefängnis werfen lassen. »Du böser und elender Wicht«, rief der König aus, als er das erfuhr. »All deine Schulden habe ich dir erlassen. Konntest du nicht genau so mit dem, der ebenso wie du mein Diener ist, Mitleid haben, wie ich mit dir Mitleid hatte?«
Darum schrieb Paulus den Christen in Ephesus und später auch den Christen in Kolossä: Vergebet einander, weil auch Gott euch vergeben hat.

Und führe uns nicht in Versuchung,

Mit diesem Vers haben gar manche ihre Schwierigkeiten. Kann Gott denn den Menschen in Versuchung führen, ihn zum Bösen geradezu anstiften?
Offenbar doch nicht. Deshalb schreibt der Apostel Jakobus ausdrücklich:
»Keiner, der in Versuchung gerät, soll sagen: Ich werde von Gott in Versuchung geführt. Gott führt niemanden in Versuchung.«
Thomas von Aquin, der berühmte Theologe des Mittelalters, erklärt: »Damit bitten wir um Standhaftigkeit in der Versuchung.« Und der deutsche Reformator Martin Luther sagt ganz drastisch: »Versuchungen kann niemand umgehen. Aber dafür bitten dürfen wir, dass wir nicht hineinfallen und darin ersaufen.«
In der französischen Übersetzung hieß es bis vor kurzem: »Lass uns der Versuchung nicht erliegen.«
Und die Gelehrten haben herausgefunden, dass die aramäische, also ursprüngliche Fassung dieser Bitte genau das meint: Lass uns nicht schwach werden in der Versuchung und ihr nachgeben.

GUTE
BESSERUNG

sondern erlöse uns von dem Bösen.

Rette uns, befreie uns, reiß uns hinweg von dem Bösen, das wir selber tun, und von dem Bösen, das andere uns antun. Rette uns, befreie uns, reiß uns hinweg von allem Übel, von Krankheit, Misserfolg oder sonstigen Widerwärtigkeiten, an denen unser Leben so überreich ist. Eben wirklich von allem, was uns schmerzt, in die Ratlosigkeit, ja, Ausweglosigkeit und sogar in die Verzweiflung treibt. Gib, dass wir darin nicht »ersaufen«.

Wenn wir nicht mehr aus noch ein wissen, wenn guter Rat nicht nur teuer, sondern überhaupt nicht mehr zu finden ist, wenn wir Schmerzen haben, wenn die Ärzte mit ihrer Weisheit am Ende sind, wenn wir erfahren müssen, dass uns niemand auf Erden mehr helfen kann, und den Eindruck gewinnen, dass auch unser Beten nichts nützt, dann bleibst trotzdem du, zu dem wir weiter um Hilfe schreien, dem wir jetzt erst recht unser Herz ausschütten, dem wir unsere immer größer werdende Not vor Augen halten.

Aber reiß uns hinweg vor allem aus der schlimmen Lage, in die wir uns bringen, wenn wir vergessen, dass du, der Abba-Vater Jesu, auch unser Abba-Vater bist, dass du uns ohne unser Zutun geliebt hast von Anfang an und dass du unser Abba bleibst, auch wenn unser Zustand noch so erbärmlich und in den Augen der Menschen – auch in unseren eigenen Augen – noch so hoffnungslos ist.

Denn dein ist das Reich und die Kraft und die Herrlichkeit in Ewigkeit.

Die flehende Bitte, mit der das Vaterunser endet, wird aber begleitet, ja, getragen von dem Bewusstsein, dass wir dir als unserem Abba-Vater nicht nur alles sagen dürfen, was uns bedrückt, sondern dass du auch die Macht hast, uns davon zu befreien und das Böse, alles Böse zum Guten zu wenden.
Daran konnten sich die Christen aller Zeiten aufrichten: Es gibt einen, der die Kraft hat, uns der Macht des Bösen zu entreißen. Der uns das Reich garantiert, in dem sich leben lässt, weil es Gottes Reich ist. Der uns die Herrlichkeit schenken will, die die seine ist und die die unsere werden soll - wunderschön und bleibend bis in alle Ewigkeit.
Sehr bald haben die Beter des Vaterunsers das nicht nur gedacht, – das taten sie ganz ohne Zweifel von Anfang an –, sondern auch gesagt. Nur wenige Jahrzehnte nach Jesu Tod wurde es schon schrift-

lich festgehalten. So steht es in einem um das Jahr 100 nach Christi Geburt erschienenen kleinen Buch mit dem Titel »Lehre der zwölf Apostel«. In späteren Abschriften des Matthäus-Evangeliums war es gleichfalls zu lesen (und deshalb auch in der Übersetzung von Martin Luther). Heute schließen nicht nur die evangelischen, sondern auch die katholischen Christen ihr Vaterunsergebet mit diesem Ausdruck der Zuversicht, dass unser Notschrei, unser Hilferuf, unser inständiges Bitten nicht ins Leere geht, denn DEIN, liebster Abba-Vater, DEIN IST doch DAS REICH UND DIE KRAFT UND DIE HERRLICHKEIT, und das IN alle EWIGKEIT.

Amen.

Ein Amen fügen auch wir noch an. Es war geradezu selbstverständlich, dass dieser schon seit dem Jahre 600 vor Christus in den Schriften Israels bezeugte Ausdruck auch am Schluss dieses Gebets noch einmal beteuern sollte: Ja, so ist es, oder: Ja, so sei es und so geschehe es. Denn genau das meint das hebräische Wort Amen.
Im Deutschen haben wir – wie im Lateinischen – das hebräische Wort Amen beibehalten. Die Franzosen übersetzen es mit »Ainsi soit il – So soll es sein« und beschließen mit diesem Wunsch ihr Gebet.
Was Jesus uns gelehrt hat, wollen wir uns zu eigen machen. Was er gewünscht hat, soll auch unser Wunsch sein. Was er erbeten hat, soll auch unsere Bitte sein. Wir haben es ihm nachgesprochen und bekräftigen es mit dem Wörtchen: Amen.

BIBLIOGRAFISCHE INFORMATION DER DEUTSCHEN BIBLIOTHEK
Die Deutsche Bibliothek verzeichnet diese Publikation
in der Deutschen Nationalbibliografie;
detaillierte bibliografische Daten sind im Internet
über http://dnb.ddb.de abrufbar.

ISBN 978-3-7462-2122-9

Stammerstr. 11, 04159 Leipzig
www.st-benno.de
Gestaltung: Ulrike Vetter, Leipzig
Gesamtherstellung: Arnold & Domnick, Leipzig